Mi mundo
LOS DÍAS DE LA SEMANA

do	lu	ma	mi	ju	vi	sa

Jagger Youssef

Translated by
Diana Osorio

PowerKiDS press.

New York

PK
Principiantes

Hay siete días
de la semana.

DOMINGO	LUNES	MARTES	MIÉRCOLES	JUEVES	VIERNES	SÁBADO
			1	2	3	4
5	6	7	8	9	10	11
12	13	14	15	16	17	18
19	20	21	22	23	24	25
26	27	28	29	30	31	

¡Esta es una semana divertida!

Nos vemos
con la abuela
los domingos.

Jugamos a
la pelota los lunes.

Nos vamos de compras los martes.

Nadamos
los miércoles.

Comemos pizza
los jueves

Hacemos arte
los viernes.

¡Mi cumpleaños
es el sábado!

Hoy es domingo
de nuevo.
¡Hola abuela!

¡La próxima semana también será divertida!

Published in 2023 by The Rosen Publishing Group, Inc.
29 East 21st Street, New York, NY 10010

First Edition

Translator: Diana Osorio
Editor, Spanish: Diana Osorio
Editor, English: Therese Shea
Book Design: Michael Flynn

Photo Credits: Cover

Library of Congress Cataloging-in-Publication Data

Names: Youssef, Jagger, author.
Title: Los días de la semana (Days of the Week) / Jagger Youssef.
Description: New York : PowerKids Press, 2022. | Series: Mi mundo (My World) |
   Audience: Grades K-1
Identifiers: LCCN 2021040387 (print) | LCCN 2021040388 (ebook) | ISBN
   9781538385913 (library binding) | ISBN 9781538385890 (paperback) | ISBN
   9781538385906 (set) | ISBN 9781538385920 (ebook)
Subjects: LCSH: Days--Juvenile literature.
Classification: LCC GR930 .Y68 2022 (print) | LCC GR930 (ebook) | DDC
   529/.1--dc23
LC record available at https://lccn.loc.gov/2021040387
LC ebook record available at https://lccn.loc.gov/2021040388

Manufactured in the United States of America

CPSIA Compliance Information: Batch #CSPK23. For further information contact Rosen Publishing, New York, New York at 1-800-237-9932.

Find us on